중독, 안 돼!

중독, 안돼!

2016년 11월 30일 초판 1쇄 펴냄 · 2017년 4월 28일 초판 2쇄 펴냄
펴낸곳 | 꿈소담이
펴낸이 | 김숙희
글 | 김경옥
그림 | 박연경
책임미술 | 박지영

주소 | (우)02834 서울특별시 성북구 성북로8길 29 B1
전화 | 747-8970 / 742-8902(편집) / 741-8971(영업)
팩스 | 762-8567
등록번호 | 제6-473호(2002. 9. 3)
홈페이지 | www.dreamsodam.co.kr
북 카 페 | cafe.naver.com/sodambooks
전자우편 | isodam@dreamsodam.co.kr

ISBN 978-89-5689-383-9 74810
ISBN 978-89-5689-376-1 74810(세트)

ⓒ 김경옥, 2016
- 책 가격은 뒤표지에 있습니다.
- 꿈소담이의 좋은 책들은 어린이와 세상을 잇는 든든한 다리입니다.
- 이 책은 한국출판문화산업진흥원 2016년 우수출판콘텐츠 제작 지원 사업 선정작입니다.

* 학부모 모니터 | 유미녀(순천 왕조초등학교 최낙윤 학생 어머니), 김시영(창원 유목초등학교 장수빈 학생 어머니), 박애진(전남 영암초등학교 송승현 학생 어머니), 문경덕(성남 송현초등학교 신이준 학생 어머니), 이수인(수원 선일초등학교 박시훈 학생 어머니)

중독,
안 돼!

김경옥 글 · 박연경 그림

소담 주니어

머리말

중독은 참 무서운 거예요!

'중독'이란 말을 들어 본 적이 있나요? 중독이란, 술이나 마약 등 어떤 특정한 것에 빠져 그것 없이는 기본적인 일상생활뿐 아니라 어떠한 활동도 하지 못하는 상태를 말해요. 어른들은 담배나 술에 중독되기도 하고, 우리 어린이들은 인터넷이나 컴퓨터게임, 스마트폰에 중독되어 병적인 증세를 보이는 경우가 많아요. 중독은 참 무서운 거예요. 오로지 그것에만 빠져들어 정상적인 생활을 할 수 없으니까요. 요즘은 이런 중독으로 인해 병원을 찾는 사람들도 많아졌다고 해요.

『중독, 안 돼!』는 약물이나 사이버 중독으로부터 우리 어린이들을 안전하게 지키기 위한 이야기들로 구성되어 있어요. 아무 약이나 먹어도

된다고 생각하는 호식이, 또 담배를 끊지 못하는 아빠와 엄마 때문에 고통받는 자녀들의 이야기, 알코올중독인 할아버지, 음주 운전으로 가족을 위험에 빠뜨린 아빠 그리고 인터넷이나 컴퓨터게임, 스마트폰에 중독되어 자신을 지키지 못하는 우리 친구들의 이야기예요.

　이야기 속 주인공들을 만나 보면서 나와 내 주변을 되돌아보면 좋겠어요. 나는 괜찮은지, 우리 가족은 괜찮은지……. 그리고 동화를 통해 여러분도 이러한 것들의 위험성을 깨닫고 중독이 되지 않도록 노력하면 좋겠어요. 자신을 소중하게 여기고 안전하게 지켜 나가는 멋진 친구들이 되길 바랍니다.

어린이들이 안전한 세상을 바라며 **김경옥**

중독, 어른보다 어린이가 더 위험해요!

　중독은 알코올중독, 약물중독 등 흔히 어른들에게 한정되어 있다고 생각합니다. 하지만 더 이상 중독은 어른들만의 문제가 아닙니다.

　약물에는 아플 때 먹는 일반 약을 비롯해 술이나 커피, 담배 등도 포함됩니다. 약물에 대해 잘 모르는 어린이들은 약물 오·남용을 할 수 있으며, 가정 내 부모님의 흡연으로 아이들까지 간접흡연자가 되는 경우도 있습니다. 몸과 마음이 완전히 자라지 않은 어린이가 약물을 잘못 사용하면 개인의 정신과 신체에도 악영향을 끼칩니다. 또한 청소년 범죄로 이어질 수 있기 때문에 사회적으로도 큰 문제가 됩니다. 그러므로 약물 오·남용에 대한 더욱더 철저한 사전 교육이 필요합니다.

　사이버 중독은 약물 오·남용보다 훨씬 현실적인 중독 증상을 보인다고 할 수 있습니다. 인터넷이 생활화되면서 인터넷 게임에 중독되거나 스마트폰 등에 빠져 일상생활을 제대로 하지 못하는 경우가 생기고, 밤늦게까지 인터넷이나 게임, 또는 스마트폰을 하느라 잠을 제대로 자지 못해 다음 날 학교에서 수업 시간에 집중을 하지 못하거나 사회성도 결여되곤 합니다. 또한 가족 간에 불화가 생기기도 하며, 전자파로 인한 성장 방해, 시력 저하, 비만, 거북목 증후군, 손목 터널 증후군 등 건강에도 문제가 생기곤 합니다.

　『중독, 안 돼!』는 어린이들이 일상생활을 하면서 겪을 수 있는 다양한 유형의 중독 상황을 보여 주고 있습니다. 아픈 동생에게 약물을 오·남용해 위험을 부른 형, 부모의 흡연으로 간접흡연의 고통을 겪는 자녀, 알코올중독으로 위기 상황에 처한 할아버지, 아빠의 음주 운전으로 인해 교통사고를 당한 가족, 잘못된 인터넷 사용 습관으로 강제 퇴장을 당한 아이들, 인터넷 게임에 중독되어 병적인 증세를 보이는 아이, 스마트폰을 보며 길을 걷다 사고를 당할 뻔한 아이 등 7편의 동화로 이루어져 있습니다. 어린이 친구들 또래의 아이들이 주인공이기 때문에 책을 보는 어린이들도 자연스럽게 중독 상황을 접하고 위험성을 깨닫게 될 것입니다.

　각 동화가 끝난 뒤에는 약물중독 예방법과 컴퓨터 및 게임으로 인한 사이버 중독 예방과 대처 방법에 관련된 더욱 다양한 안전 수칙들이 그림과 함께 소개되어 있어서 쉽고 재미있게 익힐 수 있을 것입니다.

　『중독, 안 돼!』가 약물에 대한 잘못된 상식을 바로잡아 주고, 컴퓨터나 스마트폰보다 더 좋은 놀거리, 볼거리가 있다는 것을 알게 하고, 어린이들의 몸과 마음을 맑게 해 주는 가이드북으로서, 어린이들이 밝고 건강하게 자라는 데 초석이 되기를 바랍니다.

어린이안전학교 대표 허억
(가천대학교 국가안전관리전공대학원 주임교수,
가천대학교 안전교육연수원장)

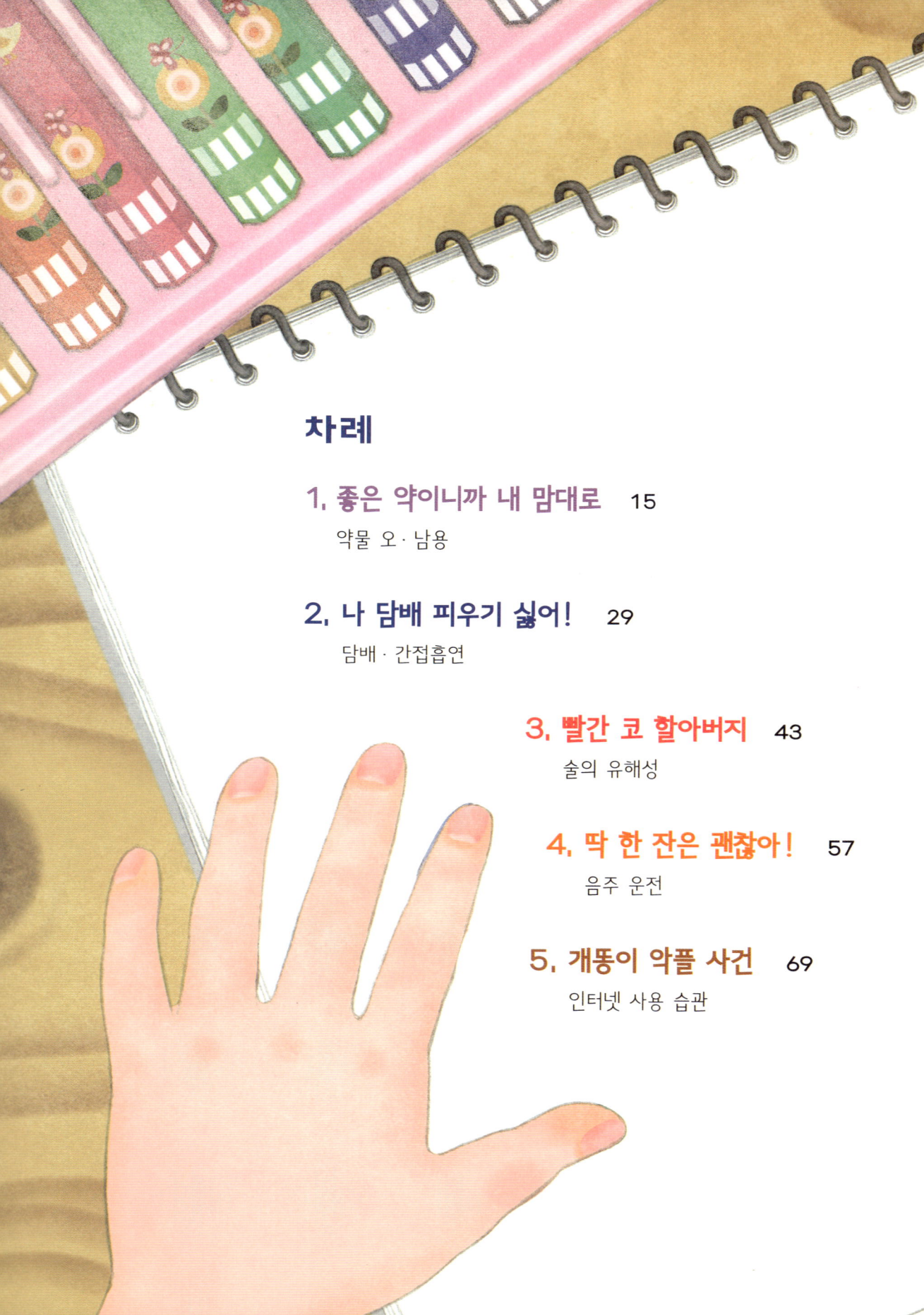

차례

1. 좋은 약이니까 내 맘대로 15
약물 오·남용

2. 나 담배 피우기 싫어! 29
담배·간접흡연

3. 빨간 코 할아버지 43
술의 유해성

4. 딱 한 잔은 괜찮아! 57
음주 운전

5. 개똥이 악플 사건 69
인터넷 사용 습관

6. 봉구는 게임 중독자 85
 컴퓨터게임 중독

7. 똑똑이와 바보 97
 스마트폰 중독

1. 좋은 약이니까 내 맘대로
약물 오·남용

"엄마, 나 쮸쮸!"

호식이가 손을 내밀었어요. 비타민 쮸쮸가 먹고 싶었거든요.

"아침에 먹었잖아. 이따 저녁에 먹어야지."

"에이, 또 먹고 싶은데……."

호식이는 입맛을 다셨어요. 캐러멜처럼 쫀득쫀득하고 딸기 맛이 나는 쮸쮸는 몸에 좋은 거라서 그런지 더 맛있게 느껴졌어요.

'비타민 먹으면 키도 더 쑥쑥 자랄 텐데 왜 하루에 두 개밖에 못 먹는 거야?'

호식이는 엄마가 쮸쮸를 주방 수납장 꼭대기에 감춰 놓는 것을

곁눈으로 보았어요. 그러고는 엄마가 외출을 하자마자 의자를 밟고 올라가 쮸쮸를 꺼냈지요.

"나도 줘."

동생 호야도 손을 내밀었어요.

호식이는 쮸쮸를 더 꺼내서 호야랑 사이좋게 나눠 먹었어요.

입에 넣고 씹으니 쫄깃하고 달콤해서 입 옆으로 침이 줄줄 새어 나왔어요. 호식이와 호야는 침까지 훑어가며 비타민을 맛있게 먹었지요.

비타민 통 겉면에는 '어린이 키 성장에 좋은 종합 비타민 쮸쮸'라고 쓰여 있어요.

호식이는 문득 낮에 학교에서 있었던 일이 떠올랐어요. 키도 크고 힘도 센 용필이가 호식이를 툭 밀면서 '땅꼬마'라고 놀렸어요. 가뜩이나 키가 작아 속상한데 친구한테 땅꼬마 소리까지 들으니 화가 났어요.

"비타민 먹고 쑥쑥 커져야지."

쮸쮸를 먹고 키가 쑥쑥 자라 용필이를 위에서 내려다보는 상상을 하자 기분이 짜릿했어요.

그날 저녁 호식이가 오줌을 누는데 오줌 색깔이 샛노랬어요. 비타민 때문이에요.

다음 날 오후였어요. 엄마는 모임에 나가고 호식이랑 호야 둘이 있는데 호야가 좀 이상했어요. 얼굴이 불그스레하고 힘이 없어 보였지요. 호식이는 비타민을 꺼내 먹으면서 호야에게도 내밀었어요. 그런데 호야는 고개를 가로저었어요.

"왜 안 먹어? 너 쮸쮸 좋아하잖아."

"형, 나 머리도 아프고 목도 아파. 몸도 추워. 오늘 학교에서도 그랬어."

호식이가 호야 이마를 짚어 보니 뜨거웠어요. 목도 뜨겁고 입김도 뜨거웠어요.

"너 감기 걸렸어?"

"그런가 봐. 엄마는 언제 올까?"

호야가 침대로 가 누웠어요. 이불을 덮고는 끙끙 앓는 소리를 냈어요. 호식이는 까불이 동생이 기운 없이 누워 있는 걸 보니 걱정이 됐어요.

"호야야, 기운 없으니까 비타민이라도 좀 먹어 봐."

호식이는 쮸쮸를 동생 입에 넣어 주었어요. 그런데 쮸쮸를 먹던 호야가 갑자기 토를 했어요. 비타민과 음식물이 섞여 나와 이불을 더럽혔지요.

호야가 울음을 터뜨렸어요.

"너 진짜 아픈가 보다. 엄마한테 연락해 볼게."

호식이는 호야가 걱정돼서 엄마에게 전화를 했어요. 하지만 엄마는 전화를 받지 않았지요.

호야의 몸은 불덩어리처럼 뜨거웠어요.

"이걸 어쩌지?"

그때 거실 서랍에 있는 구급약 상자가 떠올랐어요.

"맞아. 거기에 약이 있을 거야. 지난번에 아빠가 열났을 때도 거기서 약을 꺼내 드시는 걸 봤어."

호식이는 구급약 상자를 뒤졌어요. 상자 안에는 전에 호식이가 먹었던 감기약도 있었어요. 분홍색 물약인데 절반 정도 남아 있었어요.

"아, 이거 먹으면 되겠다! 감기약이니까 먹으면 나을 거야."

호식이는 물약 뚜껑을 열었어요.

"근데 얼마큼 먹었더라?"

기억이 가물가물했어요.

"한 숟갈인가? 두 숟갈인가?"

호식이는 큰 숟가락을 가져와 약을 가득 따라 호야에게 내밀었어요. 호야가 얼굴을 찡그리며 고개를 돌렸어요.

"감기 걸렸으니까 이걸 먹어야 해."

호야는 할 수 없이 약을 받아먹었어요.

"열이 많이 나니까 한 숟갈 더 먹자."

호야가 싫다는데도 호식이는 막무가내로 약을 더 먹였어요.

'엄마가 잘했다고 칭찬하실 거야. 동생을 잘 돌봤으니까.'

호식이는 뿌듯했어요.

약을 먹은 호야는 곧바로 잠에 곯아떨어졌어요.

한 시간쯤 지나자 호식이는 심심했어요. 호식이는 호야를 깨우려고 슬쩍슬쩍 건드려 보았어요. 휴지를 돌돌 말아 콧구멍을 간질이며 킥킥거리기도 했어요. 그래도 호야는 꿈쩍도 안 했어요.

"호야가 진짜로 많이 아픈가 보네."

심심해서 하품을 하던 호식이의 눈이 스르르 감겼어요.

숲속 옹달샘 가에서 호식이는 물통에 맑은 샘물을 담고 있었어요. 아파서 자리에 누운 동생에게 약이 되는 샘물을 먹이기 위해서예요.
그런데 그때 허연 수염이 난 할아버지가 나타나더니 물약이 담긴 병 두 개를 내밀었어요.
"이 하얀 약은 깊이 잠들게 하는 약이다. 그리고 이 빨간 약은 잠을 깨우는 약이다. 이 물약들은 목숨이 위태로울 때 쓰거라. 명심해야 할 것은 이 물약들은 꼭 절반씩만 써야 하느니라."
"알겠습니다. 감사합니다, 할아버지."
호식이는 샘물과 함께 할아버지가 준 물약을 챙겨 집으로 돌아왔어요.
호식이네 집은 다 쓰러져 가는 초가집이었어요. 그런데 집 앞에 엄청나게 커다란 괴물 거미가 딱 버티고 있었어요. 집 안에는 아픈 동생 혼자 누워 있었지요. 그런 동생을 잡아먹으려고 괴물 거미가 움직거렸어요.
"안 돼! 내 동생을 해치지 마, 이 나쁜 괴물아!"
하지만 괴물 거미는 털이 빽빽하게 난 징그러운 다리를 뻗으며 동생이 있는 곳으로 기어갔어요.
그때 할아버지가 준 물약이 떠올랐어요.

"그래, 하얀 물약! 이 나쁜 괴물아, 이 약을 받아랏!"
호식이가 하얀 물약을 거미에게 뿌렸어요.

그러자 거미는 곧바로 깊은 잠에 빠졌어요.

방에 들어가자 동생이 죽은 듯 누워 있었어요.

"맞아! 이 빨간 물약을 뿌리면 동생이 깨어날 거야. 절반만 쓰라고 했지?"

호식이가 빨간 물약을 뿌리자 동생이 벌떡 일어나 앉더니 방긋 웃었어요.

"형아, 나 목말라."

"그래, 너 주려고 맑은 샘물을 떠 왔어."

동생에게 물을 내미는 순간 밖에 있던 괴물 거미가 잠에서 깨어났는지 다리를 까딱까딱 움직였어요.

"저 괴물 녀석, 벌써 깨다니! 어떡하면 좋지?"

그 순간 호식이는 하얀 물약이 떠올랐어요. 하지만 물약은 없었어요.

"절반만 쓰라고 했는데 깜박 잊고 아까 다 써 버렸어. 히잉, 어쩌지?"

괴물 거미의 기다란 다리 하나가 문지방을 넘어섰어요. 털이 가득한 징그러운 다리였어요.

"으악, 안 돼!"

호식이가 소리를 지르면서 눈을 번쩍 떴어요.

"아휴, 정말 끔찍하고 이상한 꿈이야."

호야는 여전히 잠들어 있었어요.

두 시간, 세 시간…….

호야가 잠든 지 벌써 네 시간이 지났어요. 호야는 숲속의 잠자는 공주처럼 저녁이 다 되도록 깨어나지 않았어요. 호식이는 더럭 겁이 났어요.

'아까 약 먹은 게 잘못된 거 아닐까?'

호식이는 호야가 숨을 쉬나 안 쉬나 가슴팍에 귀를 대 보았어요. 혹시나 약을 먹고 잘못된 건 아닌지 슬쩍 걱정이 되었어요.

"야, 일어나. 너 언제까지 잘 거야!"

호식이는 동생을 흔들어 깨웠어요. 다른 때 같으면 와락 소리를 지르며 신경질을 부릴 동생인데 꿈쩍도 하지 않았어요.

호식이는 겁이 나서 엄마에게 또 전화를 했어요. 이번에는 엄마가 전화를 받았지요.

"엄마, 호야가 많이 아파서 내가 약을 먹였는데……. 네 시간이 지났는데도 아직도 안 일어나. 좀 이상한 것 같아."

잠시 뒤 엄마가 집에 도착했어요. 놀란 표정이었지요.

"어떤 약을 먹였는데? 약은 함부로 먹으면 안 되는데."

호식이는 구급약 상자에 있던 분홍색 물약을 꺼내 보였어요.

"어머나, 세상에! 이 약을 먹였어? 이 약은 오래된 약인데."

"호야가 토하고 열나고 해서……. 이거 내가 감기 걸렸을 때 먹었던 약 아니야? 그래서 먹인 건데."

엄마는 손으로 호야의 이마를 짚어 보고 체온계를 가져와 열도 쟀어요.

"아이고, 열이 높네."

엄마는 깊이 잠들어 있는 호야를 살살 흔들어 깨웠어요.

"호야야, 엄마랑 병원 가자."

그제야 호야가 몸을 움직이더니 힘없이 한쪽 눈을 떴어요. 호야는 열 때문에 양 볼이 복숭아처럼 붉었어요.

"호야야, 괜찮아?"

호식이는 동생이 눈을 뜨자 감격스럽기까지 했어요.

"엄마, 나 많이 아파."

호야는 일어나 앉자마자 심하게 기침을 하더니 또 토했어요.

"약은 아무거나 함부로 먹으면 안 돼. 감기도 각각 증상이 달라서 남의 약을 먹으면 안 되고, 날짜가 지난 약을 먹어도 안 돼. 용량도 정확히 지켜야 하는데……. 진작 버렸어야 했는데 엄마가 그대로 두었구나."

엄마는 호야를 데리고 서둘러 병원으로 향했어요.

'내가 아무 약이나 먹여서 호야가 더 아픈가 봐.'

호식이는 호야가 걱정되었어요. 꿈속에서처럼 호야가 빨간 물약을 먹고 빨리 나으면 좋겠다고 생각했어요. 하지만 하얀 물약을 뿌렸는데도 되살아난 괴물 거미를 떠올리자 끔찍했어요.

엄마가 호야를 데리고 나간 뒤 호식이는 분홍색 물약을 쓰레기통에 버렸어요.

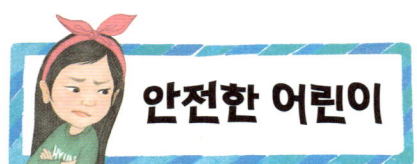 ## 안전한 어린이

호식이는 비타민이 맛있다며 하루에도 몇 번씩 정해진 양보다 더 먹었어요. 또 동생이 아프다고 하자 자신이 먹고 남긴 오래된 감기약을 먹였고요. 약은 아픈 것을 낫게 해 주지만 마음대로 먹으면 부작용이 생기는 등 더 위험할 수 있어요. 약을 먹을 때는 무엇을 주의해야 할까요?

◀ 반드시 의사의 진찰을 받아 처방전을 받은 뒤 약사의 지시에 따라 약을 사용해야 해요.

▶ 영양을 보충해 주는 비타민 종류라고 해도 정해진 양만큼만 먹어야 해요.

◀ 다른 사람이 처방받은 약을 내가 먹으면 안 돼요. 나와 증상이 비슷하다고 해도 사람마다 체질이나 증상이 달라 부작용이 올 수 있어요.

▶ 오래된 약을 사용하면 안 돼요.
약도 유효기간이 있어요.

◀ 이전에 사용했던 약을 다른 질병에
또 사용하면 안 돼요. 증상에 따라
처방을 다시 받아야 해요.

▶ 진통제 등 약국에서 쉽게 살 수 있는
약을 습관적으로 사용하면 안 돼요.
중독이 되면 내성이 생겨서 더 강한 약을
사용하지 않으면 잘 낫지 않게 되거든요.

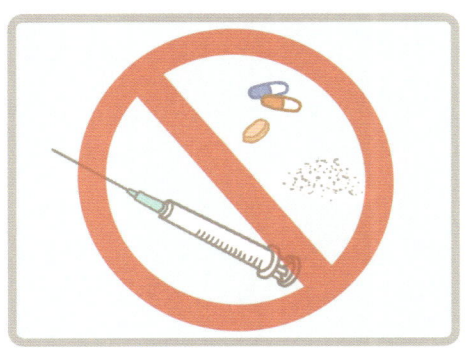

◀ 마약과 같이 법으로
금지된 약은 절대 사용하면 안 돼요.

 ## 약물의 오용과 남용

	오 용	남 용
뜻	• 약물을 잘못 사용하여 부작용이 일어나는 것.	• 약물을 정해진 기준보다 많이 사용하거나 함부로 사용하는 것.
사례	• 다른 질병에 사용했던 약을 그대로 사용하는 일. • 다른 사람이 처방받은 약을 사용하는 일. • 유효기간이 지난 오래된 약을 사용하는 일. • 약의 사용 방법을 의사와 약사의 지시에 따르지 않고 마음대로 정하는 일.	• 어린이가 커피, 녹차, 홍차를 마시거나, 진통제 등 약국 약을 자주 사용하는 일. • 약물을 습관적으로 사용하는 일. • 사용하면 안 되는 금지된 약물을 사용하는 일.

 ## 어린이가 피해야 할 약물은?

- 카페인 종류: 커피, 녹차, 홍차, 탄산음료, 잠 안 오게 하는 약.
- 술(알코올), 담배.
- 약국 약 : 드링크제, 진통제, 수면제, 살 빼는 약, 종합 감기약 등.

 ## 약에 대한 정보를 살펴봐요!

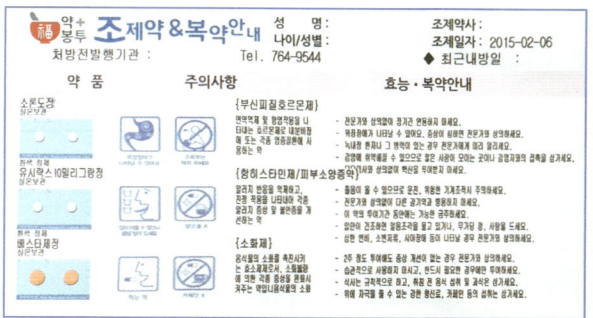
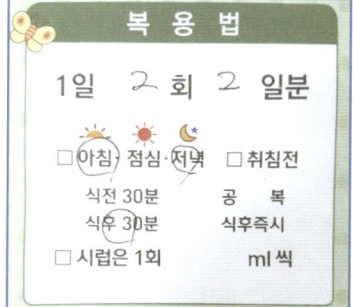

　　약국 약의 경우 포장 겉면에, 조제약의 경우 봉투에 약품명 및 용량, 약의 효능과 복용 방법, 부작용 증상 등에 대해 상세히 적혀 있으므로 꼭 확인해요.

2. 나 담배 피우기 싫어!
담배·간접흡연

수아는 동생 경아와 함께 퍼즐 맞추기를 하고 있었어요. 그런데 또 냄새가 솔솔 풍겨 왔어요. 수아 얼굴이 순식간에 찌그러졌지요.

"아이, 담배 냄새!"

수아가 코를 움켜쥐자 경아도 손을 휘저으며 말했어요.

"엄마 또 담배 피우나 봐!"

경아가 담배 연기 때문에 기침을 했어요. 수아는 얼른 일어나 열려 있는 창문을 닫았어요.

수아 방은 엄마의 작업실과 나란히 붙어 있어요. 그래서 엄마가 창문을 열어 놓고 담배를 피우면 수아 방 창문으로 담배 연기가 솔솔 들어오지요. 담배 냄새는 정말 지독해요. 숨도 턱 막히고 머리도 지끈지끈 아파요.

"언니, 엄마 담배 안 피우기로 우리랑 약속했잖아. 그런데 자꾸 피워."

"맞아. 엄마는 우리가 모르는 줄 아나 봐. 근데 냄새는 못 속이잖아."

수아와 경아는 옆방으로 가서 살그머니 문을 열었어요.

엄마는 등을 보인 채 책상 앞에 앉아 열심히 컴퓨터 자판을 두들기고 있었어요. 수아랑 경아가 다가가도 모르고 엄마는 일만 하고 있었지요. 수아가 엄마 입에 물려 있는 담배를 빼앗았어요.

"엄마! 담배 안 피우기로 해 놓고선!"

수아가 담뱃불을 재떨이에 비벼 껐어요.

"아이, 깜짝이야! 너희들, 노크도 안 하고······."

엄마는 담배 피우다 걸린 게 머쓱했는지 머리를 긁적였어요.

"엄마, 우리랑 약속한 거 잊었어?"

경아도 따졌어요.

"아, 미안, 미안! 엄마가 오늘 마무리해야 할 원고가 있어서."

수아네 엄마는 작가예요. 그래서 작업실에서 온종일 책을 읽고

글을 쓰지요.

"엄마 담배 연기 때문에 정말 머리 아파 죽겠어."

수아가 짜증 섞인 목소리로 말했어요.

"문 닫고 피워도 문틈으로 담배 연기가 새어 나온단 말이야."

경아도 얼굴을 찡그리며 말했어요.

"엄마, 담배 피워서 폐가 까맣게 되면 어쩌려고."

"그래. 너희들 말대로 엄마가 담배 피우지 말아야 하는데 원고 마감에 신경을 쓰다 보면 저절로 담배에 손이 가는구나. 이제 진짜 안 피울게. 약속!"

엄마가 수아와 경아에게 새끼손가락을 내밀었어요.

"담배 연기는 옆에 있는 사람한테 더 해롭다던데……. 그러니까 제발 피우지 좀 마! 꼭꼭 약속!"

수아가 새끼손가락을 걸며 힘차게 흔들었어요.

사실 수아 엄마도 한때는 담배를 끊은 적이 있어요. 수아와 경아를 임신하고 키울 때는 절대 피우지 않았어요. 담배를 피우면 아기가 잘못될 수도 있기 때문이에요. 하지만 몇 년 전 다시 일을 시작하면서 또 담배를 피우게 된 거예요.

"그때 완전히 끊었어야 했는데……."

엄마는 늘 아쉬워하면서도 중독이 되다 보니 담배를 끊지 못했어요. 수아는 부모님을 위해 기도할 때 항상 똑같아요. 그건 바로 '엄마, 아빠가 담배를 끊어 건강하게 오래오래 살게 해 주세요.'라는 기도예요.

그런데 그날 밤 엄마는 화장실에서 또 담배를 피웠어요. 뒤이어 화장실에 들어갔던 수아가 귀신같이 냄새를 알아차렸지요. 수아는 코를 막고 뛰쳐나오며 소리쳤어요.

"누가 또 담배 피웠어? 엄마야? 아빠야?"

그러자 엄마가 기어들어 가는 소리로 말했어요.

"아휴, 미안. 담배 끊기가 왜 이리 힘든지……."

그때 거실에 있던 아빠가 담배 하나를 빼 들더니 슬금슬금 밖으로 나가려고 했어요.

"얘들아, 아빠는 나가서 피우고 올게."

수아는 이런 부모님 모습이 너무 실망스러워 소리를 질렀어요.

"정말 우리 엄마, 아빠는 너무해. 우리가 불량 식품 먹으면 몸에 해롭다고 못 먹게 하면서 엄마, 아빠는 왜 몸에 안 좋은 연기를 계속 마셔? 그러다 암에 걸릴 수도 있잖아. 내 친구 아빠도 담배 때문에 폐암에 걸리셔서 지금 병원에 계신대."

수아 말에 엄마가 고개를 푹 숙였어요.

"게다가 간접흡연으로 우리까지 위험해지면 어떡해. 우린 정말 위험한 가족이야!"

수아는 걱정이 돼서 눈물까지 찔끔 나왔어요.

"나랑 경아도 폐암 걸리면 어떡해."

그 말을 들은 엄마와 아빠의 얼굴이 금세 굳어졌어요.

"얘들아, 정말 미안해. 우리가 그런 생각까지는 못 했구나."

엄마는 울 것 같은 표정을 지었어요.

"지금 이 시간부터 담배를 끊도록 노력할게. 갖고 있는 담배도 몽땅 버릴게."

엄마는 집 안에 있는 담배를 모두 찾아내 가위로 잘게 잘라 버렸어요. 그러자 경아가 손뼉을 치며 좋아했어요. 수아도 기분이 조금 풀렸어요.

"엄마, 아빠! 우리 금연 작전을 짜 볼까? 껌도 사다 놓고, 담배 대신 먹을 수 있는 쿠키도 만들어 보자. 지난번 문화센터에서 쿠키 만드는 거 배웠잖아. 엄마, 아빠 아몬드 쿠키 좋아하잖아."

"그래, 뭐든 해 보자. 내일은 당장 맛있는 쿠키부터 만들어 보자. 담배가 생각날 때마다 달콤한 과자로 내 입을 녹여 볼게."

"네, 좋아요!"

그날 밤 수아는 잠이 안 왔어요. 어떻게 하면 엄마, 아빠가 정말 담배를 끊을 수 있을까, 그 생각만 했어요. 그동안 약속을 여러 번 어겼거든요. 그러다 문득 좋은 생각이 떠올랐어요.

"그래! 충격요법을 써 보는 거야."

수아는 책상에 앉아 스케치북과 크레파스를 꺼냈어요.

"이 그림을 보면 엄마, 아빠가 좀 달라질지도 몰라."

수아는 평소 웃는 모습의 아빠 얼굴을 떠올렸어요.

장난도 좋아하고 우스갯소리도 잘하는 아빠. 그런데 밥 먹고 나면 꼭 담배를 피워요. 엄마도 작업실에서 한동안 자판을 신나게 두들기다가 생각이 안 나면 담배를 물어요.

수아는 이런 모습이 정말 싫었어요.

수아는 담배를 물고 있는 엄마와 아빠의 모습을 그렸어요. 그리고 가슴 부분에 하트를 그렸어요. 하트는 숨을 쉬는 폐 부분을 그린 거예요. 수아는 하트 부분을 까맣게 색칠했어요. 아주아주 까맣게…….

그 옆에는 수아와 경아 모습도 그렸어요. 그런데 수아와 경아 입에도 담배가 물려 있어요. 아홉 살, 여덟 살 초등학생이 담배를 피우다니! 그건 말도 안 되는 그림이에요. 하지만 틀린 그림은 아니에요. 왜냐하면 엄마, 아빠가 피우는 담배 연기 때문에 수아와 경아도 간접흡연을 하고 있으니까요.

"내 폐도 까맣게 될 수 있어."

수아는 자기 가슴에 그려진 하트에 까만색을 칠하는 게 싫었어요.

"까만색 하트는 너무 무서운데……. 하지만 엄마, 아빠가 자꾸 담배를 피우면 우리 가족 모두 담배를 피우는 것과 똑같다고 했어."

온 가족의 폐가 까맣게 죽어 버린 그림은 보기에도 끔찍했어요. 그림 속 수아와 경아는 눈물을 흘리고 있었어요. 담배 연기가 너무 맵고, 까매진 폐로 숨을 쉰다는 건 정말 힘들기 때문이에요.

수아는 그림 속 엄마와 아빠에게 말했어요.

"난 엄마, 아빠가 건강하게 오래 살았으면 좋겠어."

수아는 엄마 작업실로 가서 그림을 책상 앞에 붙여 놨어요.

수아가 재떨이에 구겨서 꺼뜨린 그 담배꽁초처럼 수아의 마음도 까맣게 구겨졌어요.

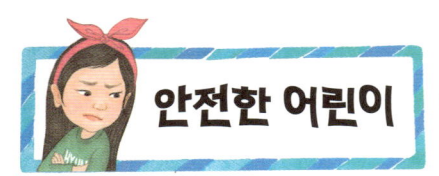 **안전한 어린이**

담배는 직접 피우는 사람뿐만 아니라 곁에서 담배 연기를 마시는 사람에게도 똑같이 해로워요. 수아와 경아는 담배를 많이 피우는 엄마와 아빠의 건강이 걱정되었고, 그 담배 연기 때문에 자신들도 담배를 피운 것처럼 괴로웠어요. 담배는 왜 해로운지 알아보고 담배로부터 우리 자신을 지키는 방법을 알아보도록 해요.

담배는 왜 몸에 해로울까요?

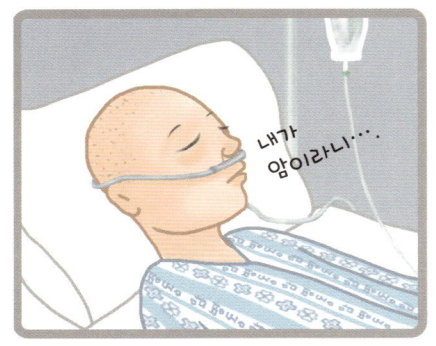

◀ 암을 발생시킬 수 있어요.

▶ 기억력이 나빠져요.

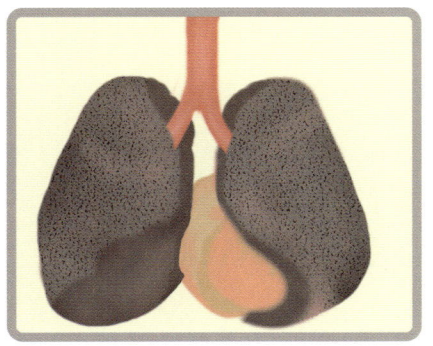

◀ 폐를 검게 만들어서 호흡에 지장을 줘요.

▶ 중독성이 있어서 계속 피우고 싶어져요.

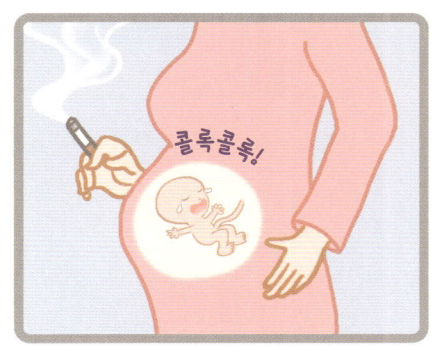

◀ 임신 전이나, 임신 중에 흡연을 하면 기형아를 낳을 수 있는 등 임산부와 태아에게 위험해요.

▶ 자신이 직접 피우지 않더라도 피우는 사람 옆에 있으면 간접흡연의 피해가 심각해요.

약물 중독 아하! 담배에 들어 있는 해로운 성분, 니코틴

니코틴은 습관성 중독을 일으킬 수 있는 마약 성분이기 때문에 몸에 해로워요. 많은 양의 니코틴은 신경을 마비시키고 정신을 잃게 만들지요. 부모의 흡연으로 인해 어린이가 간접흡연을 하게 되면 암에 걸릴 확률이 100배나 되고, 감기, 기관지염, 폐렴 등에 걸릴 확률은 2배나 돼요. 또 성인이 되었을 때 흡연을 하게 될 확률도 아주 높다고 해요.

담배로부터 우리 가족과 나를 지키는 방법

◀ 가족 중에 담배를 피우는 사람이 있다면 끊도록 권유해요.

▶ 가정 내에서 흡연을 하지 못하도록 금연 구역으로 정해요.

◀ 공공장소 등 금연 구역 내에서 담배를 피우는 사람이 있으면 주변 어른에게 도움을 청해 금연 구역임을 알리고 벌금이 있음을 알려요.

▶ 실내를 환기시키고 자연의 맑은 공기를 자주 접해요.

3. 빨간 코 할아버지
술의 유해성

　　호식이는 방학을 맞아 시골에 갔어요. 시골에는 할머니, 할아버지 두 분이 농사를 지으며 살아요.

　　"어서 온나, 우리 손자."

　　할머니는 두 팔 벌려 호식이를 반겨 주었어요. 할아버지는 뒷짐을 진 채 벙그레 웃고 계셨지요.

　　할머니는 가마솥에다 맛있는 닭백숙을 했어요. 그리고 마당 평상에 푸짐한 점심상을 차려 냈어요.

　　"어이구, 오늘은 우리 손자 덕분에 푸짐한 점심상을 받네."

　　할아버지가 껄껄 웃으셨어요.

"호식아, 할아버지랑 한잔할까?"

할아버지는 부엌 선반에 있던 유리병을 들고 나왔어요. 그 안에는 노란 모과로 담근 술이 들어 있었지요.

사실 호식이네 할아버지는 딸기코예요. 술을 많이 마셔서 코가 유난히 빨개요. 호식이는 할아버지의 빨간 코를 볼 때마다 웃음이 나와요. 그래서 별명도 '빨간 코 할아버지'라고 지었어요. 엄마는 할아버지 앞에서 절대 빨간 코 얘기를 하지 말라고 했지만 호식이는 할아버지를 볼 때마다 '빨간 코 루돌프'와 '삐에로'가 생각나서 웃음이 났지요.

"할애비를 보고 왜 웃는 거냐?"

할아버지가 물었어요.

"할아버지 빨간 코가 웃겨서요. 꼭 삐에로 같거든요. 술 드셔서 그런 거지요? 난 다 알아. 크크."

호식이가 키득거렸어요.

"어험, 할애비 그만 놀리고 이리 와서 한 잔 받거라."

할아버지가 술잔을 호식이에게 내밀었어요.

"아니, 영감, 뭐 하는 거예요? 어린애한테 술이라니!"

할머니가 깜짝 놀라며 술잔을 빼앗았어요.

"어허, 술은 어른한테 배워야 하는 거야. 과일주니까 한 잔은 먹어도 돼."

호식이도 유리병에 담긴 노란 술이 어떤 맛일까 궁금했어요. 주스처럼 맛있을 것 같기도 하고, 술이니까 소주처럼 쓸 것 같기도 했어요.

"안 된다니까요. 애한테 술을 주는 할아버지가 어딨어요? 에미가 알면 큰일 나요."

할머니가 하도 야단을 하니 할아버지는 아쉬워하며 혼자 술을 따라 마셨어요.

다음 날이었어요. 할아버지는 밭에서 일을 하고는 흙투성이가 되어 들어왔어요.

"호식아, 호식아."

강아지와 놀고 있던 호식이를 할아버지가 불렀어요.

"호식아, 요 앞 마을 어귀에 가면 구멍가게가 있지? 거기 가서 막걸리 한 병 사 오너라. 너 좋아하는 과자도 한 봉 사고."

할아버지가 술심부름을 시켰어요. 호식이는 할아버지가 시키는 대로 구멍가게로 갔어요.

"저희 할아버지가 술 사 오래요."

호식이가 돈을 내밀자 주인아주머니는 펄쩍 뛰었어요.

"아무리 할아버지 심부름이라도 술을 줄 순 없어. 어린애에게 술을 팔면 큰일 나거든."

호식이는 돌아와 할아버지에게 그대로 전했어요.

"거참, 잘 아는 사이에 그깟 거 좀 주면 안 되나?"

할아버지는 직접 나가 막걸리와 소주를 사 들고 돌아왔어요.

그날 할아버지는 노래를 부르며 술을 마셨어요. 기분이 좋아진 할아버지가 호식이를 끌어안았지요.

"아, 술 냄새!"

호식이가 코를 움켜쥐며 얼굴을 찡그렸어요.

할아버지는 화장실에 가려고 일어서다 비틀거려 넘어질 뻔했어요. 그날 밤 할아버지 코는 더 잘 익은 딸기로 변했지요.

'아휴, 우리 할아버지는 꼭 알코올중독자 같아.'

호식이는 할아버지가 술을 마시고 휘청거리는 모습이 보기 싫었어요.

다음 날 오후, 할머니는 장에 가고 할아버지와 호식이 단둘이 있었어요. 할아버지는 또 술상을 차려 왔어요. 이번에는 산딸기로 담갔다는 술을 가져왔지요.

"호식아, 할애비랑 한잔하자. 술은 어른한테 배워야 하는 거야. 이 술은 몸에 좋은 술이란다."

"몸에 좋은 술도 있어요? 술은 몸에 안 좋은 거잖아요."

호식이가 말했어요.

"안 좋긴 뭐가 안 좋아. 먹으면 얼마나 기분이 좋아지는데."

"제 친구 아빠는 술만 먹으면 기분이 나빠져서 식구들을 괴롭힌대요. 그래서 제 친구는 이 세상에서 술이 없어졌으면 좋겠대요."

호식이가 눈을 껌벅이며 말했어요.

"이 녀석, 할애비가 그렇다면 그런 거지. 얼른 안 받고 뭐 해?"

할아버지가 호통을 치는 바람에, 할 수 없이 호식이는 잔을 받았어요.

"자, 한 잔 맛보렴."

할아버지가 준 술을 코에 갖다 대니 향긋한 냄새가 났어요.

"할아버지, 이거 진짜 맛있어요? 정말 안 쓰지요?"

호식이는 못 미더워 할아버지에게 연거푸 물었어요.

"그렇다니까. 그놈 참, 흐흐."

할아버지가 잇몸을 드러내며 장난꾸러기처럼 웃었어요. 꼭 손자에게 술을 먹여 골탕을 먹이려는 것 같았지요. 호식이는 술잔을 입에 살짝 대 보았어요.

"에이, 퉤퉤. 써서 못 먹겠어요."

달콤할 것 같았던 술은 엄청나게 썼어요.

"쓰긴 뭐가 쓰다고. 어여 한 모금 먹어 봐라. 두 손으로 공손히 받쳐서."

호식이는 할 수 없이 눈을 질끈 감은 채 쓴 약을 먹는 것처럼 한 모금 마셨어요. 할아버지는 음료수 컵에 가득 따라 쭈욱 들이켰어요.

그런데 술을 한 모금 마신 호식이가 점점 이상해졌어요. 할아버지 코가 빨간 것처럼 호식이도 얼굴부터 목까지 빨개졌어요. 머리는 어질어질 빙빙 돌고 다리는 힘이 풀려 비틀거렸어요.

장에 갔다 돌아온 할머니가 이 모습을 보고 깜짝 놀랐어요.

"영감이 미쳤구려. 미쳤어! 애한테 술을 먹이다니!"

할머니가 호식이에게 꿀물을 타 먹이고 등을 쓰다듬어 주는 등 한바탕 소란이 일어났어요. 시간이 조금 지나자 호식이는 원래대로 돌아왔지요.

"할아버지, 이제 저한테 술 먹으라고 하지 마세요. 어지러워서 죽는 줄 알았잖아요."

호식이가 울면서 말했어요.

"그래. 할애비가 미안하다."

"할아버지도 이제 술 좀 그만 드셨으면 좋겠어요."

호식이가 입을 쑥 내밀며 말했어요. 할아버지는 고개를 끄덕였지요.

"그래. 할애비가 힘든 농사일을 하다 보니 힘든 걸 잊으려고 한 잔 두 잔 하던 게 이젠 습관이 됐구나. 알았다. 우리 손자 말대로 이제부턴 술 덜 먹으마."

하지만 그다음 날 이웃집 잔치에 갔던 할아버지는 또 술을 잔뜩 마시고 비틀거리며 돌아왔어요. 기분이 좋다며 흥얼흥얼 노래까지 불렀지요. 할아버지가 노래를 부를 때마다 지독한 술 냄새가 번져 나왔어요.

"아휴, 술 중독이여, 술 중독!"

할머니가 혀를 끌끌 찼어요.

그런데 그날 밤, 사건이 터지고 말았어요. 잠을 자던 할아버지가 갑자기 배를 움켜쥐며 떼굴떼굴 굴렀어요.

"아이고, 배야. 나 죽는다, 나 죽어."

할아버지는 새우처럼 몸을 잔뜩 웅크린 채 식은땀을 흘렸어요. 나중에는 말도 못 하고 정신마저 잃었어요. 놀란 할머니가 얼른 119에 연락을 했지요. 할아버지는 응급차에 실려 인근 병원으로 갔어요.

할머니와 호식이는 무서워서 둘이 손을 꼭 잡고 있었어요.

곧이어 서울에서 아빠와 엄마도 왔어요. 진찰 결과 할아버지는 오랜 음주 때문에 몸 안에 심한 염증이 생긴 것이었어요.

"술을 많이 드셔서 항상 걱정했더니……."

아빠가 깊은 한숨을 내쉬었어요.

"엄마, 할아버지 돌아가시면 어떡해?"

호식이는 할아버지가 걱정되었어요. 가족들의 얼굴이 모두 어두워졌어요.

"하도 술타령을 하길래 내가 독한 술보다는 과일주가 나을 것 같아 담가 놓은 것인데……, 어떤 술이든 넘치면 몸에 해로운 건데……."

할머니가 눈물을 찍어 내며 말했어요.

다행히 할아버지는 통증이 가라앉고 위험한 상황을 넘겼어요. 하지만 염증이 심해서 오랫동안 치료를 받아야 한다고 했어요.

호식이는 할아버지의 두 손을 꼭 잡으며 말했어요.

"할아버지, 이제 정말 술 그만 드세요."

"그래······."

할아버지도 호식이 손을 꼭 잡았어요.

"저는 할아버지가 오래오래 사셨으면 좋겠단 말이에요."

"그래, 고맙다. 내 손자······."

할아버지 눈에 눈물이 글썽였어요. 호식이는 할아버지를 꼭 끌어안았어요.

 **안전한 어린이**

호식이는 술을 좋아하는 할아버지 때문에 술심부름을 갔다가 주인아주머니에게 혼이 났고, 할아버지가 주는 술을 한 모금 마셨다가 곤욕을 치렀어요. 오랫동안 술을 마셔 온 할아버지는 결국 몸에 병이 생겼고요. 어른들이 마시는 술은 나쁜 점이 훨씬 더 많아요. 술은 왜 나쁜지 알아볼까요?

◀ 술은 우리 몸의 신경 기관을 마비시켜 마취 효과를 내요. 술로 인해 자기 몸을 제대로 통제하지 못하면 사고에 그대로 노출되어 위험해요.

▶ 생각하거나 판단하는 기능을 떨어뜨려요.

◀ 임산부가 마시면 태아가 기형아가 될 수도 있는 위험성이 있어요.

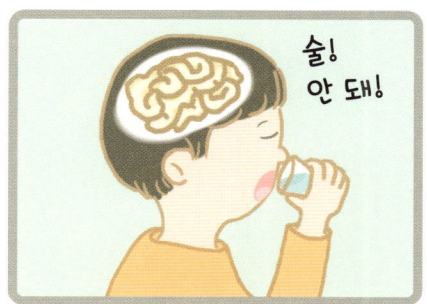

◀ 어린이가 마시면 뇌 발달이 제대로 이루어지지 않아요.

▶ 술에 취한 상태에서 범죄를 일으키기 쉬워요.

◀ 알코올중독자가 되면 치료비와 요양비 등 돈이 많이 들어요.

> **약물 중독 아하!**
>
> 어른들이 마시는 술은 우리가 흔히 먹고 마시는 음료수나 음식이 아니라 엄연한 약물이에요. 술은 알코올 성분으로 되어 있기 때문에 인체에 들어가면 유해·독성 물질로 변해요.
>
> 또한 일상생활을 할 때 알코올에 많이 의존하는 모습을 보여 문제를 일으키거나 이상행동을 보이는 것을 '술 중독(알코올의존증)'이라고 하는데, 술 없이는 정상적인 생활을 하기가 힘들 정도로 술에 의존하여 날마다 술을 마시는 등 병적인 증상을 보이지요.

4. 딱 한 잔은 괜찮아!
음주 운전

오늘 희수네 식구들은 시골 큰집에 갔어요. 큰아빠 생신이거든요. 아빠는 큰아빠 생신을 축하한다며 축가도 불렀어요.

"사랑하는 우리 형님, 생일 축하합니다!"

한 잔만 마셔도 얼굴이 빨개지는 아빠가 붉은빛 와인을 쭈욱 들이켰어요.

"여보, 운전해야 하는데 술을 마시면 어떻게 해요."

엄마가 걱정스레 말했지만 아빠는 호탕하게 웃었어요.

"딱 한 잔인데 뭐 어때? 이 정도는 괜찮으니 걱정 마요."

생일 파티를 끝내고 집에 가려는데 아빠가 자동차 운전석에 앉으려 했어요.

"아빠, 술 먹고 운전하면 안 돼요."

희수가 말했어요. 엄마도 걱정되어 자동차 키를 빼앗았어요.

"괜찮아. 아빠가 술이 얼마나 센데. 겨우 와인 조금 마신 걸 가지고 뭘 그래."

"안 된다니까요. 차라리 초보 운전이어도 내가 하는 게 나아요."

엄마도 지지 않고 말했어요.

"안 돼. 당신 왕초보잖아. 더구나 낮도 아니고 밤에 운전하다 사고 나면 어떡하려고. 이 정도는 괜찮다니까."

고집 센 아빠가 결국 엄마에게서 자동차 키를 빼앗아 시동을 걸었어요.

사실 엄마도 운전 실력이 초보라서 밤길 운전은 자신 없었어요. 그래서 더 이상 키를 달라고 아빠를 조르지 않았지요.

차가 출발하자 희수는 뒷좌석에 있는 벨트를 맸어요. 그런데 동생 마루는 벌써 잠이 들어 고개를 떨구고 있었지요. 희수가 마루의 벨트를 대신 매 주었어요.

늦은 밤, 시골의 도로는 깜깜했어요. 희수는 걱정이 되었어요.

"아빠, 술 먹고 운전하면 안 되는 거잖아. 그러다 사고 나면 어

떡해."

희수는 불안하기만 했어요.

"희수 너, 아빠의 운전 실력을 못 믿어?"

아빠는 한껏 으스댔어요.

"음주 운전은 위험하니까 그렇죠."

아빠는 희수의 말을 들은 척 만 척했어요. 오히려 어둡고 고불고불한 시골길을 보란 듯이 부드럽게 운전했어요.

"조금 있으면 고속도로로 접어듭니다. 다들 안전벨트 잘 맸지요?"

아빠가 어둠 속에서 속력을 내기 시작했어요.

"여보, 천천히 가요."

엄마가 불안해했어요. 하지만 아빠는 더욱 속력을 냈어요.

"하하, 오늘 아주 기분이 좋아."

아빠는 신나는 음악까지 크게 틀어 놓고 달리기 시작했어요.

아빠가 휘어지고 경사진 좌측 도로로 막 접어들려고 하는 순간이었어요. 무엇인가 강한 물체에 자동차가 쾅 부딪치는 느낌이 들었어요. 그런데 부딪치는 소리가 굉장히 컸어요. 그 순간 식구들은 모두 "아악!" 하며 비명을 질렀지요. 희수는 정신을 잃고 말았어요.

희수가 정신을 차렸을 때는 병원 응급실 침대였어요. 곁에서 간호사 선생님이 주사를 놓고 있었어요.

"이제 정신이 좀 드니?"

"저희 엄마, 아빠는요?"

희수가 간호사 선생님에게 물었어요.

"지금 검사받고 계셔. 다행히 크게 다치시진 않았으니까 걱정하지 마."

희수는 비로소 어떻게 된 일인지 흐릿하게 떠올랐어요.

아빠가 시끄러운 음악을 틀어 놓고 흥에 겨워 운전을 하던 중, 좌측의 경사진 도로로 진입한 순간이었어요. 경사진 도로는 곡선으로 휘어져 있었는데 아빠가 가장자리의 울타리를 꽝 들이받고만 거예요. 그 충격은 아빠 바로 뒤에 앉은 동생 마루가 가장 심하게 받았어요. 희수는 동생 마루가 걱정됐어요.

"제 동생은요?"

"동생은 팔과 어깨를 좀 다쳤어. 지금 치료 중이야."

잠시 뒤 엄마와 아빠가 희수에게로 다가왔어요. 아빠는 얼굴에 시퍼런 멍이 들었고 한쪽 안경알이 깨져 있었어요. 엄마는 다행히 괜찮아 보였어요.

"희수야, 괜찮니? 모든 게 아빠 책임이야. 술 한 잔쯤 어떠랴

했는데……. 이렇게 사고로 이어질 줄은 꿈에도 몰랐어. 미안하구나."

아빠가 겁에 질린 얼굴로 말했어요. 운전하면서 들떠 있던 아빠의 모습이 떠올랐어요. 그건 분명 술 때문이었다는 생각이 들었어요.

"마루는 괜찮아?"

"그게……. 어깨를 다쳤는데 다행히 수술은 안 해도 된다고 하는구나."

식구들은 병원에서 함께 이틀을 지냈어요. 그리고 다음 날 모두 집으로 돌아왔지요.

마루는 팔과 어깨에 붕대를 감았고 희수는 목이 아파 목 받침을 했어요. 아빠는 음주 운전으로 운전면허 정지를 당했고, 꽤 많은 돈을 벌금으로 내야 했어요.

"마루야, 많이 아프지?"

희수는 마루가 안쓰러웠어요.

"응. 좀 아파."

이틀 사이에 마루 얼굴이 핼쑥해져 있었어요.

"여보, 당신 꼭 해야 할 일이 있어요."

엄마가 아빠에게 굳은 얼굴로 말했어요.

"그게 뭔데?"

아빠가 풀이 죽은 채 물었어요.

"우리 가족을 사랑한다는 각서 쓰기."

"나야 당연히 우리 가족을 사랑하지. 그런데 무슨 각서……."

"우리 가족을 진정으로 사랑한다면 다시는 음주 운전 하지 않겠다는 약속!"

그 말에 희수가 얼른 종이와 볼펜을 가져왔어요.

"여기에 빨리 쓰세요."

아빠는 반듯한 글씨로 각서를 쓰기 시작했어요.

> **각 서**
>
> 절대로 절대로 음주 운전을
> 하지 않기로 약속합니다.
> 나는 우리 가족을
> 하늘만큼 땅만큼
> 사랑하니까요.

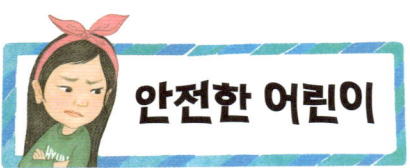 ## 안전한 어린이

술을 먹으면 감정이 흥분되고 정신이 흐려져 교통사고의 위험이 높아져요. 음주 운전은 자신의 목숨뿐 아니라 다른 사람의 목숨도 잃게 할 수 있는 범죄 행동이에요. 더군다나 희수네 아빠처럼 가족을 태우고 밤길 운전을 해야 하는 상황에서 '딱 한 잔쯤이야 괜찮겠지.'라는 생각은 정말 위험하지요. 음주 운전으로부터 나와 우리 가족을 지키려면 어떻게 해야 할까요?

음주 운전을 예방해요!

◀ 부모님께서 참석하는 모임이 술을 마시는 자리라면 차를 가지고 가지 않도록 권해요.

▶ 차를 가져간 상태에서 부모님이 술을 마셨을 경우에는 '절대 운전할 수 없음'을 강조해요.

◀ 누군가 자꾸 술을 권하면 '음주 운전은 가족의 생명을 빼앗을 수도 있다'는 사실을 강조해서, 다른 사람에게 권하지 말고 마시지도 않도록 말씀드려요.

▶ 자동차 열쇠는 가족 중 술을 마시지 않은 사람에게 맡겨 사고를 예방하고 안전한 운전이 될 수 있게 해요.

◀ 부모님이 술을 마셨을 경우, 대중교통을 이용하도록 말씀드려요.

음주 운전의 증상

- 판단력과 운동감각 능력이 흐려져 도로를 벗어나거나 신호 위반 등을 하게 돼요.
- 흥분하거나 공격적인 성격으로 변해 속력을 내는 등 거칠게 운전을 하게 돼요.
- 많이 마셨을 경우 의식을 잃거나 마비 증상이 나타나 운전을 전혀 할 수 없는 상태가 돼요.
- 졸음운전으로 이어져 사고가 일어나요.
- 도로를 거꾸로 달리는 등 엉뚱하고 심각한 사고를 벌여 자신뿐만 아니라 다른 사람의 목숨까지도 위협해요.

5. 개똥이 악플 사건
인터넷 사용 습관

현아는 요즘 신나는 일이 생겼어요. 아빠가 새 컴퓨터를 사 주셨거든요. 이젠 현아 방에도 컴퓨터가 놓이게 된 거예요. 그동안 현아가 쓰던 컴퓨터는 거실에 놓여 있는 데다 구닥다리에 툭하면 고장이 나서 인터넷도 제대로 못 했어요.

"아싸! 이젠 게임도 할 수 있고, 내가 좋아하는 강아지 카페에도 들어갈 수 있다. 히히."

현아는 '사고뭉치 삼돌이'라는 인터넷 카페 회원이에요. 그곳은 강아지 키우는 사람들의 모임방이에요.

아빠는 현아 방에 새 컴퓨터를 놓아 주면서 한 가지 약속을 부탁했어요.

"컴퓨터는 수요일과 토요일에 딱 1시간씩만 하는 거야. 이 약속을 안 지키면 컴퓨터 사용 금지야."

"에이, 시간이 너무 짧잖아요."

하지만 아빠는 그 이상은 안 된다고 했어요.

"알겠어요. 약속 지킬게요."

그런데 컴퓨터를 하다 보면 시간이 너무 잘 갔어요. 특히 강아지 카페에 있다 보면 한 시간이 후딱 지나가 버렸지요.

엄마가 잔소리를 하기 시작했어요.

"약속 안 지키면 어떻게 한다고 했지?"

"알았다고요. 딱 십 분만 더 할게요."

현아는 강아지 카페에 하양이 사진을 올리려던 중이었어요. 학교 컴퓨터 반에서 사진 올리는 법을 배웠거든요. 하양이는 작고 귀여운 몰티즈예요. 털 색깔이 새하얘서 이름도 하양이지요. 현아는 엄마가 저장해 놓은 하양이 사진 중에 귀여운 것을 골랐어요. 카페 사람들에게 하양이를 자랑하고 싶었어요.

"이 사진들을 보면 다들 예쁘다고 할 거야."

얼마 전 하양이는 애견 미용실에서 꼬리에 분홍색 물을 들였어요. 그 모습이 얼마나 앙증맞은지 몰라요.

그때 친구 주리가 놀러 왔어요. 주리는 까만 강아지 '돌리'를 안고 왔어요. 돌리는 몸집이 작은 치와와예요. 현아가 보기엔 마르고 못생겼는데 주리는 맨날 자기네 강아지가 최고라고 해요. 특히 돌리가 하양이보다 더 영리하다며 자랑을 할 때는 은근히 화도 나요.

"현아야, 뭐 해? 우리 강아지 산책시키러 가자."

현아와 주리는 가끔 같이 강아지 산책을 시키러 나가곤 해요.

"잠깐만. 나 카페에 우리 하양이 사진 좀 올리고."

현아가 사진을 카페에 올리자 회원들의 댓글이 이어졌어요.

「와, 정말 예뻐용.」

「우왕, 짱짱짱!」

「하양이는 정말 귀여워요.」

「완전 귀여운 몰티즈네요.」

현아는 댓글을 읽으면서 어깨가 으쓱해졌어요. 사람들이 좋아해 주고 바로바로 반응을 보이면 기분이 참 좋거든요. 하지만 가끔 욕이 올라오기도 해요.

「야, 강아지 데리고 장난하냐? 니 머리도 빨갛게 물들여 놓으면 좋겠냐?」

「못생긴 주제에……. 돼지 코.」

이런 댓글을 보면 기분이 팍 상해요.

"칫! 우리 강아지가 예쁘니까 샘나서 그러는 걸 거야."

현아가 혼잣말로 중얼거렸어요. 그때 곁에 있던 주리가 카페를 유심히 살펴보며 물었어요.

"이거 무슨 카페야?"

"사고뭉치 삼돌이라는 카페인데, 개를 키우는 사람들만 들어올 수 있는 카페야."

"그래? 그런데 왜 난 몰랐지?"

주리는 눈을 반짝이며 자세히 들여다보았어요.

"이제 나가자."

현아는 기분 나쁜 댓글을 보기가 싫어 얼른 컴퓨터를 껐어요. 그리고 하양이를 데리고 주리와 함께 공원으로 갔어요.

밖으로 나오자 하양이와 돌리가 신나게 뛰어다녔어요.

갑자기 돌리가 풀밭 쪽으로 쪼르르 달려가더니 코를 킁킁댔어요. 그러고는 똥을 두 덩어리나 쌌어요.

주리는 얼굴을 찡그렸어요.

"에이, 똥 쌌잖아."

주리는 주변에 난 풀을 뜯어 돌리가 싼 똥을 덮어 버렸어요.

현아는 전에도 주리가 강아지 똥을 치우지 않는 모습을 여러 번 봤어요.

"야, 똥 치워야지."

"됐거든!"

주리는 뻔뻔하게 그냥 지나가 버렸어요. 현아는 그런 주리의 모습이 얄미웠어요.

며칠 뒤 현아는 카페 게시판에 주리에 대한 욕을 실컷 써 놓았어요.

「내 친구 때문에 정말 짜증 나요.

걔는 자기네 강아지 똥도 안 치워요.

그 강아지는 치와와인데 그 주인도 꼭 치와와를 닮아 여우같이 생겼어요.

못생긴 치와와 데리고 다니면서 맨날 자기네 강아지가 최고래요.

그러면서 똥도 안 치워요.」

그러자 사람들의 댓글이 이어졌어요.

「정말 얄미운 사람이네요.」

「헐~ 나쁜 XXX.」

「어디 사는 누구인가요? 이름을 밝히세요.」

사람들이 댓글을 올려 주자 현아는 신이 나서 또 댓글을 달았어요.

「호수 아파트에 살고 호수 초등학교에 다니는 김주리라는 애예요.

생긴 건 꼭 똥 싼 강아지 치와와를 닮았죠. ㅋㅋ

눈이 툭 튀어나왔거든요. ㅋ

지나가다 똥이나 콱 밟았으면 좋겠어요. ㅋ」

현아는 아무 생각 없이 주리 이름과 사는 아파트 그리고 학교까지 공개했어요. 그리고 약간 장난스러운 투로 웃는 표시인 'ㅋㅋ'를 달았지요.

그러자 현아 글 밑에 또 댓글이 주르르 달렸어요.

「주리라는 친구는 강아지 키울 자격이 없네요.」

「주인으로서 그러면 안 되는데 참 잘못된 행동이네요.」

「그 친구에게 그러지 말라고 잘 이야기해 보세요.」

「개똥 같은 김주리. 개똥이나 콱 밟아라~」

「미친 XX.」

예의를 지켜 이야기하는 사람도 있었지만, 돌을 던지듯 욕을 써 놓은 사람도 있었어요.

그런데 그다음 날, 카페 게시판에 '개똥이'라는 닉네임으로 글과 사진이 올라왔어요.

무심코 클릭해서 보던 현아는 깜짝 놀랐어요. 그 사진 속 강아지는 현아네 강아지 하양이가 틀림없었어요. 꼬리를 분홍색으로 물들인 모습이며 눈, 코, 입 그리고 입고 있는 옷까지 모두 하양이가 분명했어요.

「이 강아지는 정말 불쌍한 강아지입니다.
왜냐하면 주인한테 날마다 학대를 받기 때문입니다.
걔네 엄마는 강아지 밥도 안 주고
걔네 아빠는 강아지만 보면 발로 찹니다.
정말 강아지를 키우면 안 되는 나쁜 집입니다.」

현아는 그 글을 읽고 깜짝 놀랐어요.

그 강아지는 분명 하양이인데 주인이 학대를 했다면 바로 현아와 그의 가족을 말하는 거니까요. 그건 정말 새빨간 거짓말이었어요.

현아는 손이 부들부들 떨렸어요. 이 글을 쓴 사람이 누군지 궁

금했어요.

'개똥이'가 쓴 글 밑에 주르르 댓글이 달렸어요.

「그 강아지는 혹시 하양이가 아닌가요? 며칠 전 카페에서 봤는데……」

「정말 나쁜 XXX.」

「강아지가 불쌍해요……」

현아는 글을 보는 순간 주리가 떠올랐어요.

'주리가 혹시 내가 올린 글을 본 건 아닐까?'

하지만 주리가 이 카페에 가입했다는 소리를 들은 적은 없어요. 현아는 당연히 주리가 못 볼 거라고 생각하고, 주리 이름과 개 이름을 그대로 다 올렸거든요.

"칫! 아무리 그래도 그렇지. 어떻게 그런 거짓말을 할 수 있지? 내가 언제 하양이를 학대했다고!"

현아는 화가 나서 견딜 수가 없었어요. 카페에서 졸지에 강아지를 학대하는 아이로 찍히고 만 거예요.

"아니야. 어쩌면 저 강아지는 우리 하양이가 아닐지도 몰라. 강아지들은 다 비슷하게 생겼잖아. 옷도 비슷하고. 하지만……."

다음 날 학교에 가니 주리 표정이 쌀쌀맞았어요. 현아는 가슴이 철렁했어요. 하지만 현아도 기분 나쁜 건 마찬가지였어요. 개를 학대한다고 거짓말을 퍼뜨렸으니까요. 하양이 사진도 마음대로 올렸고요. 현아는 다짜고짜 따졌어요.

"내가 언제 강아지를 학대했는데? 그리고 왜 우리 하양이 사진을 함부로 올리는 거니? 치!"

"지난번에 너네 아빠가 하양이를 화장실에 가둬 놨잖아. 그러니까 학대한 거지. 그러는 넌? 내가 똥 안 치웠다고 내 이름이랑 학교까지 다 올렸잖아. 내가 그 카페에 들어갈 줄은 몰랐지? 치!"

주리 표정이 사나워졌어요. 솔직히 현아는 주리가 그 카페에 들어올 줄은 몰랐어요. 그래서 실컷 욕을 쓴 건데……. 알고 보니 주리는 현아네 집에 왔다가 강아지 카페를 보고 맘에 들어 그날 바로 가입을 했던 거예요.

현아와 주리는 며칠 동안 말도 안 하고 지냈어요. 그 대신 날마다 강아지 카페 게시판에서 서로를 욕하며 싸웠어요. 결국 두 사람은 카페에서 예의 없는 회원으로 찍혀 '퇴장'을 당했어요. '퇴장'은 쫓겨나는 것을 말해요. 이제 두 사람은 카페에 다시 들어가고 싶어도 들어갈 수 없어요.

현아는 즐겁기만 했던 컴퓨터가 무서워졌어요. 더구나 엄마, 아빠에게도 찍히고 말았어요.

"요즘 엄마, 아빠랑 한 약속도 안 지키고, 하루 종일 컴퓨터만 해 대니 원! 당분간 벌로 컴퓨터 사용 금지야."

"앞으로는 안 그럴게요."

현아가 빌었지만 소용없었어요.

"너랑 주리랑 인터넷 강아지 카페에서 싸웠다며? 그래서 강제 퇴장도 당했다며?"

현아는 깜짝 놀라 눈이 둥그레졌어요. 엄마가 그 사실을 알고

있을 줄은 몰랐거든요.

"주리 엄마한테 얘기 들었어. 인터넷 공간에서는 더 예의를 지켜야 하는 거야. 그런 습관이 몸에 배어 있어야만 인터넷을 할 자격이 되는 거야."

현아는 가슴이 콕 찔렸어요. 속상해서 눈물도 찔끔 나왔지요.

"인터넷 사용 습관은 처음부터 잘 들이는 게 중요하지. 인터넷 세상은 재미있는 것이 너무 많아 쉽게 빠져들 수 있거든. 처음 약속했던 것처럼 정해진 시간만큼만 해야 시간도 안 빼앗기고 인터넷 중독도 예방할 수 있단다."

아빠 말에 현아가 고개를 푹 숙였어요.

안전한 어린이

　컴퓨터를 처음 시작할 때 건전하고 올바르게 사용하는 습관을 익힌다면 컴퓨터로 인한 해로움으로부터 우리를 지킬 수 있어요. 특히 인터넷 공간은 만남의 장으로 이용되고 있고, 상대방이 누구인지 모르는 상태라서 오히려 더 예의를 지켜야 해요. 올바른 인터넷 사용 습관을 기르는 방법에 대해 알아볼까요?

인터넷 사용 규칙 정하기

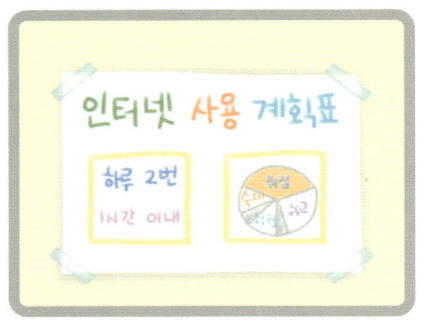

◀ 컴퓨터의 인터넷 사용 시간은 1시간 이내로 정해요.

▶ 인터넷에서는 어린이에게 맞는 건전한 사이트에만 들어가요.

◀ 불건전한 사이트를 발견했을 때는 신고 센터에 신고해요.

◀ 게임이나 채팅으로 시간을 낭비하지 말고 주로 학습 과제를 할 때 활용해요.

 인터넷에서 지켜야 할 네티켓

◀ 사이버공간에서 다른 사람의 주소, 이름, 사진 등 개인 정보를 함부로 올리면 안 돼요.

▶ 사이버공간에서 의견을 말할 때에는 가능하면 실명으로 말해요.

◀ 자신을 속이고 거짓말을 하는 행동을 하지 않아요.

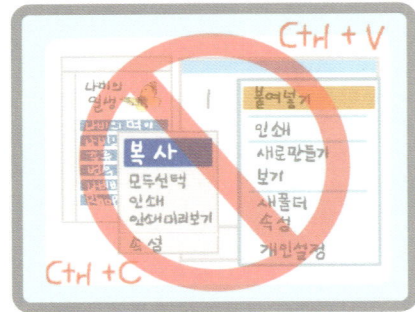

◀ 인터넷에서 얻은 정보를 자신의 것인 양 속이지 않아요.

▶ 상대방을 향해 욕을 하거나 비밀을 폭로하거나, 악플(남을 비난하고 험담하는 악성 댓글)을 다는 행동을 하지 않아요.

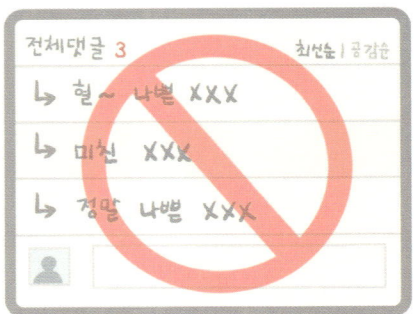

사이버 중독 아하! 인터넷 중독의 문제점

- 하면 할수록 더 하고 싶어지고 빠져드는 중독 증상이 생겨요.
- 오랜 시간 인터넷을 하느라 피곤해서 아침에 일어나기 힘들고 수업 시간에 졸려서 성적이 떨어지는 등 부작용이 생겨요.
- 앉아만 있으므로 살도 찌고, 체력이 약해져요. 또 시력이 나빠지거나 머리가 아프고, 거북목이 되는 등 신체적으로 통증이 생길 수 있어요.
- 학교도 가기 싫고 컴퓨터 외에는 하루의 모든 생활에 지루함을 느껴요.
- 인터넷을 못 하게 하면 짜증이 나는 등의 금단현상이 생기고, 외톨이처럼 사회성도 나빠져요.

6. 봉구는 게임 중독자
컴퓨터게임 중독

봉구는 학교 수업이 끝나자마자 집을 향해 뛰었어요.

"빨리 가서 해야지."

요즘 봉구는 컴퓨터게임에 푹 빠져 있어요. 특히 좋아하는 게임은 빅맨 게임이에요. 빅맨은 자기가 좋아하는 아이템을 받아 마음대로 왕국을 건설하는 게임이에요. 어제는 봉구가 건설한 왕국이 도적들의 핵 공격을 받아 도시가 폭발해 버렸어요. 그때 얼마나 화가 났는지 몰라요.

"오늘은 꼭 복수할 거야."

봉구는 게임 생각만 하면 온몸이 짜릿해졌어요.

"오늘은 엄마도 늦게 오신다고 했지? 신난다, 흐흐."

엄마는 오늘 회사에서 퇴근하면 할머니 댁에 들렀다 온다고 했어요. 할머니가 편찮으시거든요.

집에 도착하자마자 봉구는 책가방을 내던졌어요. 엄마가 준비해 놓고 간 간식이 있었지만 눈에 들어오지 않았어요. 봉구는 얼른 컴퓨터 앞에 앉았지요.

"어디 한번 시작해 볼까?"

봉구는 컴퓨터를 켜고 게임 세상 속으로 들어갔어요. 그리고 빅맨을 시작했어요.

"오늘은 복수 타임!

하하, 이것들, 맛 좀 봐라.

우선 아이템은 뭐가 있나 찾아볼까?

어라? 아이템을 받으려면 마녀의 성엘 가야 하나 보군.

일단 다리를 건너고……, 바다 건너 마녀 성에 들어가 볼까?

호호, 마녀가 나에게 병사들을 보냈네.

오, 총도 있고, 칼도 있고, 말도 있네.

오, 나의 병사들, 너희들을 환영한다.

한 마리, 두 마리, 세 마리……, 좋았어!

이젠 너희들이 도적 떼들을 무찔러야 한다.

몰아내, 몰아내, 몰아내!

이 녀석들, 말 안 들을 거야?

몰아내라고! 몰아내! 이 바보들아. 공격, 공격하라!

으씨! 공격하라니까! 이 바보 멍청이들아!

몰아내라니까!

그렇지, 그렇지! 잘했어. 나의 병사들.

하하하, 어리석은 도적 떼 녀석들!

나의 병사들 앞에선 꼼짝도 못 하지. 무릎을 꿇을 테냐?

어라? 이것들이 나의 왕국을 또 부수려 하다니.

또다시 복수 타임!

잠깐! 아이템을 좀 갖추고.

어? 이건 피그 족이 보낸 택배 상자네? 어디 보자.

오, 병사와 최신 무기를 또 보냈군.

병사가 몇 마리지? 한 마리, 두 마리……

어디, 이번에는 최신 무기를 시험해 볼까?

공격하라! 얍! 얍! 헛! 헛!"

봉구는 자신이 건설한 왕국 안에서 신이 났어요. 도적 떼들을 물리치기 위해 자신이 구입한 아이템과 피그 족이 선물해 준 신무기를 사용해 전쟁을 벌였어요. 봉구는 가상의 세계 속에 푹 빠져 버렸어요.

봉구가 건설한 왕국 안에서는 끊임없이 새로운 일들이 터져요. 도적 떼의 공격뿐만 아니라, 바다 건너 섬에서 괴상한 물건들도 자꾸 들어와요. 신 무기도 들어오고 병사도 들어와요. 말, 과자, 또 선물이 담긴 택배 상자도 와요. 별별 물건이 다 오니 그것을 이용하면 무엇이든 할 수 있어요.

봉구는 이런 재미있는 가상의 세계에 빠지면 아무런 생각이 들지 않아요. 근심 걱정도 없고 밥 생각도 없어요. 숙제를 안 해도 상관없고, 학원에도 가기 싫어요. 몇 시인지도 모르고 낮인지 밤인지도 몰라요. 오줌이 마려워도 참고, 똥이 마려워도 참아요. 그냥 모든 것을 까맣게, 아주 까맣게 잊어버려요. 자신은 왕국에 있고 적들을 물리치기에 바쁘니까요. 자신은 한 왕국의 빅맨이니까요.

신나게 게임을 하고 있는데 날카로운 목소리가 봉구를 불렀어요.

"이봉구! 엄마 말이 안 들리냐고!"

놀란 봉구가 옆을 쳐다보았어요. 언제 오셨는지 엄마가 곁에 서

있었어요. 봉구는 그제야 정신이 돌아왔어요.

"어, 엄마······."

"엄마가 몇 번을 전화해도 안 받고! 지금 몇 시인데, 여태 게임을 하는 거야?"

깜짝 놀라 시계를 보니 벌써 저녁 9시가 지났어요. 창밖은 이미 깜깜해져 있었지요.

"엄마가 할머니 댁에서 더 늦어질 것 같아 전화했는데 안 받아서 얼마나 걱정했는지 알아?"

봉구는 전화가 온 줄도 모르고 있었어요.

"준비해 놓은 간식도 안 먹었잖아."

"······."

"어서 컴퓨터 끄지 않고 뭐 해?"

엄마가 다그쳤지만 봉구는 머뭇거렸어요. 아직 도적 떼들을 다 물리치지 못했거든요. 도적 떼를 다 물리치려면 피그 족에게서 아이템을 받아 더 싸워야 했어요.

"컴퓨터 그만 끄라고 했는데!"

엄마 눈꼬리가 올라갔어요. 봉구는 할 수 없이 컴퓨터를 껐어요. 그제야 온몸이 뻐근하고 무거운 걸 느꼈어요.

봉구가 자리에서 일어서려는 순간이었어요. 갑자기 눈앞이 핑

그르르 돌더니 별이 번쩍 빛났어요. 봉구는 그 자리에 풀썩 쓰러지고 말았어요.

엄마가 깜짝 놀라 봉구를 흔들어 깨우며 소리쳤어요.

"봉구야, 봉구야! 정신 차려, 봉구야!"

하지만 봉구는 아무런 말도 할 수가 없었어요.

잠시 후 사이렌 소리가 울려 퍼졌어요. 봉구가 구급차에 실렸고 구급차는 서둘러 달리기 시작했어요. 구급차에 실려 가면서도 봉구는 마음속으로 계속 외쳤어요.

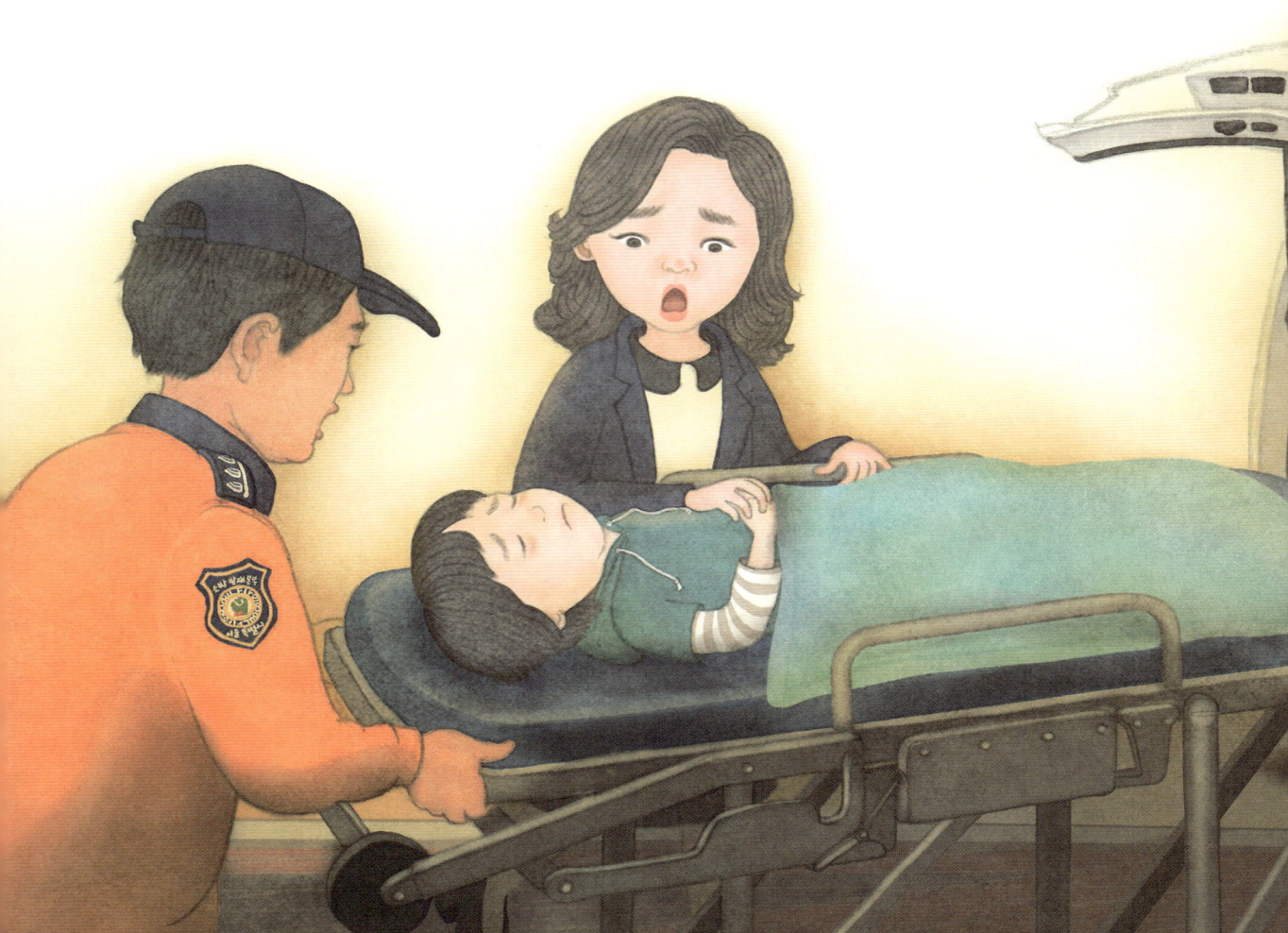

'엄마, 내 병사들이 세 마리나 다쳤어. 이럴 땐 피그 족들이 빨리 아이템을 보내 줘야 해. 구급차도 필요해. 구급차로 병사들을 실어 가야 해. 나쁜 도적 떼들을 물리쳐야 한다고! 내 왕국이 무너진다고!'

하지만 엄마는 그 외침을 못 듣는 것 같았어요.

"봉구야! 봉구야, 정신 차려!"

엄마는 눈물만 글썽인 채 봉구 손을 꼭 잡고 있었어요.

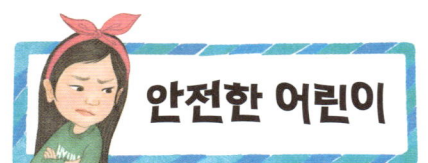 **안전한 어린이**

봉구는 게임에 빠져 밥도 안 먹고, 전화벨 소리도 못 들었어요. 시간이 얼마나 흘렀는지도 모른 채 게임만 하고 있었어요. 결국 쓰러져 구급차에 실려 가면서도 아이템을 구해야 한다고 외쳤지요. 게임 중독은 마약과 같아서 점점 심해지고 결국 병원 진료를 받아야 해요. 게임 중독에 빠지지 않으려면 어떻게 해야 하는지 알아볼까요?

컴퓨터게임 중독 예방법

◀ 컴퓨터는 가족이 함께 생활하는 공간에 두어 가족들의 통제를 받도록 해요.

▶ 게임을 할 때는 '일주일에 1~2번', 시간은 '1시간 이내', 이런 식으로 미리 규칙과 시간을 정해 둬요.

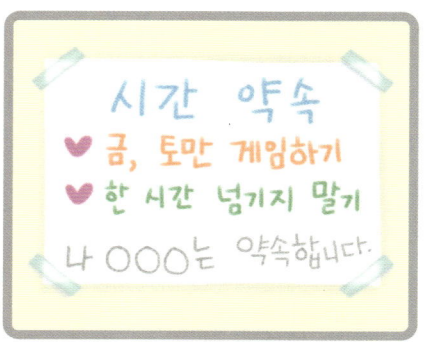

◀ 끝이 없고 계속 이어지는 게임은 애초에 시작하지 않아요.

▶ 가족들과 대화하는 시간을 많이 가져요.

◀ 컴퓨터게임이 아닌 다른 것에 관심을 돌릴 수 있도록 운동이나 놀이, 여행 등 활발한 활동을 찾아요.

 ### 게임 중독증

'게임 중독증'이란 오랫동안 게임에만 몰두하고 집착하는 것을 말해요.

게임 중독에 빠지면 현실은 아예 잊어버리고 경쟁적으로 레벨을 높이는 데에만 신경을 쓰거나 게임 속 상상의 세계에 빠져, 일상생활을 제대로 할 수 없게 되지요. 또 게임을 하지 않으면 불안하고 초조해지며, 게임 속 세상이 진짜인 양 착각하게 돼요. 아이템을 사기 위해 거짓말을 하기도 하지요.

또 실생활에서도 게임에서처럼 공격성과 폭력성을 드러내 가족과 친구 관계가 힘들어지고 결국 병원 진료를 받아야 하는 상태가 되어 버려요.

7. 똑똑이와 바보
스마트폰 중독

"야호! 나도 드디어 스마트폰 생겼다!"

수아가 소리쳤어요. 이런 수아를 보고 엄마가 빙그레 웃었어요.

"스마트폰이 그렇게 갖고 싶었니?"

"그럼요! 제 친구 현아도 있는데……."

그동안 수아는 스마트폰을 사 달라고 여러 번 졸랐어요. 그때마다 엄마는 "아직은 안 돼."라고 말했어요. 수아는 그때마다 속상했지요.

수아는 수학 시험에서 백 점을 맞으면 사 달라고 엄마를 졸랐어요. 그런데 정말 백 점을 맞았고, 엄마는 약속대로 스마트폰을 사 주었어요.

"요즘 세상이 너무 무서우니 스마트폰이 필요하긴 해."

"맞아요. 스마트폰이 있으면 엄마한테 자주 연락도 하고 좋잖아요."

엄마는 수아가 학교에서 조금만 늦게 와도 걱정이 많았어요.

"대신 스마트폰 있다고 자주 보면 안 되는 거 알지? 눈도 나빠지고 건강에도 해로워. 또 시간도 빼앗기잖아."

엄마는 필요할 때만 잠깐씩 보라고 했어요.

"요즘 애들은 틈만 나면 스마트폰을 보고 있어서 걱정이야."

"걱정 마시라니깐요."

"그래. 우리 수아는 똑똑하니까 걱정 안 해."

엄마가 수아를 보고 빙긋 웃었어요.

수아는 스마트폰 여기저기를 눌러 보며 시간을 보냈어요. 친구 현아와 대화방을 만들어 수다도 떨었어요.

"이번에는 사진을 찍어 봐야지."

수아는 카메라로 자기 얼굴을 찍었어요. 예쁜 표정도 지어 보고 웃긴 표정도 지어 보았어요.

"호호호. 재밌다."

수아는 스마트폰을 갖고 있으니 지루하지 않았어요.

그날부터 수아는 스마트폰 보는 시간이 점점 늘었어요.

"수아야, 눈 나빠진다고 했지? 너 숙제는 다 했니? 이제 스마트폰 그만 보고 숙제해야지."

"네."

엄마가 잔소리할 때마다 수아는 건성으로 대답했어요. 엄마가 있을 땐 스마트폰을 안 보는 척하다가 엄마가 없으면 또 스마트폰을 봤지요.

"혼자 있어도 심심하지 않아."

수아는 손가락으로 종일 스마트폰만 만졌어요.

"이번에는 게임을 해 볼까?"

스마트폰에 깔려 있는 블록 쌓기 게임을 해 보았어요.

"히히. 재밌네."

수아는 정신을 쏙 빼앗긴 채로 게임을 했어요.

"이제 게임 그만하고 다른 거 해 봐야지."

이번에는 노래를 들어 보기로 했어요. 애니메이션 〈겨울왕국〉의 엘사 여왕이 부른 노래를 선택했지요. 마음대로 노래도 들을 수 있으니 참 좋았어요.

그날 저녁, 가족과 함께 저녁을 먹다가 수아는 아빠한테 꾸중을 들었어요. 밥 먹으면서도 스마트폰을 보았기 때문이에요.

"밥 먹을 땐 스마트폰 보지 말자. 가족들과 이야기를 해야지."

하지만 수아는 새롭게 만난 스마트폰 속 세상이 신기하기만 했어요. 수아는 그날 늦게까지 스마트폰을 가지고 놀았어요.

보다 못한 엄마가 수아에게 한마디 했어요.

"수아야, 스마트폰만 자꾸 보면 바보 되는 거야."

"왜 바보가 돼요? 스마트폰은 똑똑한 폰이니까 저도 더 똑똑해지겠죠!"

다음 날 아침, 수아는 학교에 가려고 가방을 챙겼어요. 그러다 문득 선생님이 내주었던 숙제가 생각났어요.

"아차! 숙제를 안 했네."

수아는 가슴이 철렁했어요. 이제껏 숙제를 안 해 간 적은 한 번도 없어요. 그런데 스마트폰에 빠져 숙제를 깜빡한 거예요.

"어떡하지?"

오늘도 선생님은 숙제 검사를 할 게 뻔해요. 일기도 써야 했는데 그것도 안 했어요. 수아는 콩닥거리는 마음으로 학교에 갔어요.

'일기도 안 쓰고 숙제도 왜 안 했냐고 하시면 뭐라고 하지?'

학교에 도착하니 선생님이 일기장을 내라고 했어요. 수아는 선생님께 말했어요.

"저, 깜빡 잊고 일기장을 안 가져왔어요."

선생님은 수아 말을 그대로 믿었어요. 수아는 평소 일기도 잘 쓰고 숙제도 잘하는 착실한 아이였으니까요.

"그래? 내일 꼭 가져오렴."

"네."

첫째 시간은 그렇게 넘겼어요. 하지만 수학 시간에 선생님이 숙제 검사를 했어요.

"수아야, 숙제는 왜 안 했니?"

수아는 머뭇거렸어요.

'내가 스마트폰에 정신이 팔려 숙제를 못 했다는 걸 아시면 선생님이 뭐라고 하실까?'

수아는 솔직히 말할 자신이 없었어요.

"저, 엄마가 아프셔서 병원에 있느라……."

수아는 자신 없는 말투로 조그맣게 말했어요.

"그랬구나. 엄마가 많이 편찮으시니? 수아는 언제나 성실하게 숙제도 잘하는 아이인데."

선생님은 이번에도 수아 말을 믿었어요.

'어휴, 다행이다.'

무사히 넘어갔지만 수아는 가시에 찔린 듯 뜨끔했어요.

수업을 마치고 집에 가는 길에도 수아는 간간이 스마트폰을 확인했어요. 횡단보도 앞에 섰는데 신호등이 빨간불이었어요. 수아는 기다리는 동안 또 스마트폰을 꺼냈지요. 어제 보다 만 인기 만화 '바보 또치와 똑똑이 미미'를 이어서 봤어요. 수아는 만화를 보면서 키득키득 웃었어요.

잠시 후, 초록불이 켜졌다는 신호음이 들려왔어요. 수아는 스마트폰만 바라본 채 그대로 발걸음을 옮겼어요. 그때 '끼이익' 하

는 자동차 소리가 들려왔어요. 그 자동차는 수아 바로 옆에서 멈췄어요. 수아는 깜짝 놀라 들고 있던 스마트폰을 떨어뜨렸어요. 하마터면 수아가 사고를 당할 뻔한 거예요.

주변에 있던 사람들이 모두 놀라 눈이 휘둥그레졌어요.

"얘야, 다친 데 없니?"

운전자가 황급히 뛰어나와 물었어요.

"네. 괜찮아요."

수아는 너무 놀라 가슴이 팔딱거렸어요. 얼굴도 빨개졌어요.

"정말 괜찮니?"

길을 건너던 아주머니도 물었어요.

"네."

수아는 떨어뜨린 스마트폰을 얼른 주워 들고 총총걸음으로 달아났어요.

'무서워. 하마터면······.'

수아는 온몸이 떨려 왔어요. 스마트폰을 보니 화면은 깨져 버렸고 아예 작동이 되질 않았어요.

"내 스마트폰······."

수아가 울상을 지었어요. 똑똑하던 스마트폰은 어느새 아무것도 못 하는 바보가 되어 버렸어요.

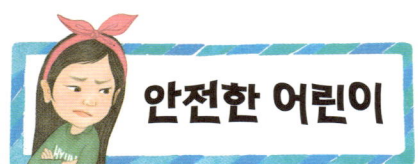

안전한 어린이

맞벌이하는 부모님이 늘어나면서 자녀의 안전을 위해 스마트폰을 많이 사 주고 있어요. 스마트폰은 항상 몸에 지니고 있기 때문에 중독이 될 위험이 더 커요. 평소에 똑똑했던 수아도 스마트폰이 생기면서 얼이 빠진 아이가 되어 버렸지요. 스마트폰에 중독되면 왜 위험한지 알아볼까요?

스마트폰 중독은 왜 위험할까요?

◀ 스마트폰을 오래 보면 눈이 나빠지거나 팔, 어깨, 손목 등이 아플 수 있어요.

▶ 스스로 생각하는 힘이 없어져 생각 주머니가 작아져요.

◀ 스마트폰의 전자파는 피로와 스트레스를 안겨 주고, 잠을 방해하거나 소화를 방해하여 건강에 해로워요.

◀ 스마트폰에서 나오는 파란 불빛은 잠이 오도록 도와주는 호르몬을 방해하여 깊이 잠들지 못하게 해요. 그래서 한창 자라야 할 어린이 성장에 나쁜 영향을 미쳐요.

▶ 목을 앞으로 자주 빼서 생기는 '거북목 증후군' 같은 증상이 생길 수 있어 우리 몸이 올바르게 자랄 수 없어요.

◀ 스마트폰을 보면서 길을 가면 주위 상황을 보지 못해 맨홀에 빠지거나 간판에 부딪히는 등 사고의 위험이 있어요.

스마트폰 중독 예방을 위해 노력해요!

- 부모님과 함께 사용 규칙을 정하고 그대로 따라요.
- 꼭 필요한 때가 아니면 수업 시간, 식사 시간, 취침 시간에는 스마트폰을 따로 보관해 둬요.
- 친구나 부모님과 함께 할 수 있는 신체 놀이를 계획해요.
- 필요한 정보를 찾아야 할 때 우선 책을 보는 습관을 가져요.
- 스마트폰 중독에 빠지지 않게 시간을 관리해 주는 중독 방지 애플리케이션을 깔아 놓아 스마트폰을 멀리하는 습관을 가져요.